Shaun das Schaf™
Mein Kochbuch
Die besten Veggie-Rezepte

© KOMET Verlag GmbH, Köln

www.komet-verlag.de

Gesamtherstellung: KOMET Verlag GmbH, Köln

ISBN 978-3-89836-961-9

Coole Starter

Shaunige Salate

Vom Huhn

Läääckere Supppen!

Vom Acker

„Mmh, vegetarisch! Ist superlecker, kann ich Euch sagen! Wer braucht Fleisch??? Ich sowieso nicht! Gras ist auch nicht immer meins, aber wie Ihr seht, hier kommen die Alternativen! Schickes Fingerfood für die Party, knackige Salate, Eier-Gerichte – auch echt raffiniert (die Eier kommen direkt bei uns aus dem Stall), pikantes Gemüse (aus unserem Gemüsegarten neben dem Farmhaus), Pasta (nein, man muss nicht in die Pizzeria!) und dann kann man es auch mit Fisch probieren, mögen auch viele Vegetarier gerne! Also, ab in die Küche mit Euch und los geht's!"

7

8

Coole Starter

Büffelkäse mit Tomaten

Für 4 Portionen

4 große Tomaten

250 g Büffel-Mozzarella

2 El Balsamessig

3 El Olivenöl

Salz, Pfeffer

1/2 Bund Basilikum

Zubereitungszeit ca. 15 Minuten
Pro Portion ca. 208 kcal/873 kJ
12 g E ✳ 50 g F ✳ 2 g KH

Die **Tomaten** waschen, von den Stielansätzen befreien und in Scheiben schneiden. Den **Mozzarella** ebenfalls in Scheiben schneiden.

Die Tomaten- und Mozzarellascheiben abwechselnd auf einer Platte anrichten. Mit **Salz** und **Pfeffer** bestreuen. **Balsamessig** und **Olivenöl** darüber träufeln. Das **Basilikum** waschen, trockentupfen, die Blätter von den Stängeln zupfen und in Streifen schneiden. Über den Tomaten- und Mozzarellascheiben verteilen. Mit frischem Brot servieren.

Eingelegte Auberginen

Die **Auberginen** putzen und waschen. Der Länge nach in 4 mm dünne Scheiben schneiden. Salzen und 10 Minuten ziehen lassen.

Den **Knoblauch** schälen und durchpressen. Die **Kräuter** waschen und trockenschütteln. Die Blättchen von den Stielen zupfen und klein hacken.

Auberginenscheiben auf Küchenpapier abtropfen lassen und mit dem **Knoblauch** von beiden Seiten einreiben. Auberginen in heißem **Öl** von beiden Seiten braun braten. Herausnehmen und nebeneinander in eine flache Form legen. Jede Schicht mit etwas **Zitronensaft** beträufeln und kräftig pfeffern. Die **Kräuter** darüber streuen. Alles mit so viel **Olivenöl** begießen, dass die Scheiben bedeckt sind. Abgedeckt 24 Stunden ziehen lassen.

Auberginenscheiben zu Rosen formen und auf **Rucola** anrichten. Mit **Tomaten** garnieren.

Für 4 Portionen

2 kleine reife Auberginen

Salz

2 Knoblauchzehen

einige Stiele Basilikum

und Estragon

4 El Olivenöl

Zitronensaft

Pfeffer

ca. 200 ml Olivenöl

etwas Rucola zum Garnieren

2 Tomaten zum Garnieren

Zubereitungszeit 15 Minuten
(plus Zeit zum Ziehen und Bratzeit)
Pro Portion ca. 167 kcal/701 kJ
2 g E * 15 g F * 5 g KH

Palmiers mit Pesto

Den Backofen auf 225 °C (Umluft 200 °C) vorheizen. Den **Blätterteig** antauen lassen. Das **Basilikum** waschen, trockenschütteln und die Blättchen abzupfen. Anschließend mit dem **Olivenöl**, den **Mandeln**, den **Nüssen** und der Hälfte des **Käses** pürieren.

Die **Tomaten** abtropfen lassen und dabei das **Öl** auffangen. **Tomaten** klein würfeln und mit **Tomatenöl** zur Mandelmasse hinzugeben. Den **Knoblauch** schälen, dazupressen und untermixen. **Blätterteig** auf wenig **Mehl** dünn ausrollen (15 x 40 cm). Das **Tomatenpesto** gleichmäßig darauf verstreichen. Die langen Seiten jeweils zur Mitte hin aufrollen, bis sie sich treffen. Die Rolle 20 Minuten kalt stellen. Das **Eigelb** mit 1 El Wasser verquirlen und die Rolle damit bestreichen. In 1 cm dicke Scheiben schneiden und auf ein gefettetes Backblech legen. Im Backofen bei 200 °C (Umluft 180 °C) etwa 10 Minuten backen. Herausnehmen und sofort mit dem restlichen **Käse** bestreuen. Warm oder kalt servieren.

Für 4 Portionen

250 g Blätterteig (TK)

1 Bund frisches Basilikum

2–3 El Olivenöl

2 El geschälte Mandeln

1 El Walnüsse

4 El frisch geriebener Gruyère

5 getrocknete Tomaten in Öl

1 Knoblauchzehe

1 Eigelb

Mehl zum Ausrollen

Zubereitungszeit 20 Minuten
(plus Kühl- und Backzeit)
Pro Portion ca. 435 kcal/1827 kJ
9 g E ∗ 36 g F ∗ 21 g KH

Aioli auf Brot

Den **Knoblauch** schälen und in einen Mixer geben. Die **Eigelb** mit dem **Senf** dazugeben. Alles kräftig mit **Salz** und viel frisch gemahlenem schwarzem **Pfeffer** würzen.

Die **Zitrone** auspressen und den **Zitronensaft** ebenfalls zu den Zutaten in den Mixer geben. Alles sehr fein pürieren, das **Olivenöl** unter Rühren in feinem Strahl zugeben. Die Masse so lange mixen, bis die Masse mayonnaiseartig wird, eventuell noch etwas **Öl** zufügen, wenn die **Mayonnaise** zu fest ist. **Aioli** mit 1 Prise **Cayennepfeffer** würzen und etwa 15 Minuten durchziehen lassen.

Das **Baguette** in Scheiben schneiden und in einer Pfanne ohne Fett von beiden Seiten goldgelb rösten. Herausnehmen und warm halten. **Aioli** mit den warmen **Brotscheiben** servieren.

Für 4 Portionen

7–10 dicke Knoblauchzehen

3 Eigelb

1/2 Tl Dijon-Senf

Salz

frisch gemahlener

schwarzer Pfeffer

1/2 Zitrone

ca. 300 ml Olivenöl

Cayennepfeffer

Baguette

Zubereitungszeit 10 Minuten
(plus Zeit zum Ziehen und Röstzeit)
Pro Portion ca. 263 kcal/1103 kJ
4 g E ✳ 24 g F ✳ 9 g KH

17

Käsebällchen

Den **Käse** vor dem Verarbeiten etwa 2 Stunden bei Zimmertemperatur aufbewahren. Anschließend den **Rahmkäse** in grobe Stücke schneiden, den Blauschimmelkäse grob zerbröckeln. **Rahmkäse** und **Blauschimmelkäse** in einen Mixbecher geben. Den **Portwein** zugießen und alles mit frisch gemahlenem **schwarzen Pfeffer** kräftig würzen und fein pürieren. Die **Käsemasse** abschmecken, eventuell noch etwas **Portwein** zugeben. Käsemasse zugedeckt etwa 1 Stunde im Kühlschrank fest werden lassen.

Anschließend aus der **Käsemasse** mit einem Teelöffel kleine Portionen abstechen und gleichmäßig runde Bällchen daraus rollen. Diese anschließend vorsichtig in den gehackten **Nüssen** wälzen, **Nüsse** leicht andrücken.

Das **Rosinenbrot** mit **Butter** bestreichen und in kleine Portionstückchen schneiden. Jeweils 1 **Käsebällchen** mit einem Holzspießchen darauf fest stecken. Die **Käsebällchen** mit einem Glas altem **Portwein** servieren.

Für 4 Portionen

175 g Rahmkäse

50 g holländischer

Blauschimmelkäse

1–2 El weißer Portwein

frisch gemahlener schwarzer Pfeffer

60 g gehackte Nüsse

2-3 Scheiben Krentenbrot

(Rosinenbrot)

Butter zum Bestreichen

Zubereitungszeit 15 Minuten
(plus Kühlzeit)
Pro Portion ca. 350 kcal/1470 kJ
19 g E * 27 g F * 8 g KH

Lääääckere Suppen

Linsensuppe

Für 4 Portionen

200 g Linsen

Salz

1 Lorbeerblatt

1 Thymianzweig

Pfeffer

50 g Gerstengraupen

1 Zwiebel

200 g Karotten

1 El Butterschmalz

1 El Mehl

3 El Buttermilch

1 Tl Senf

2 El Tomatenmark

Essig nach Geschmack

Zubereitungszeit ca. 25 Minuten
(plus Einweich-, Gar- und Schmorzeit)
Pro Portion ca. 257 kcal/1079 kJ
14 g E ✳ 4 g F ✳ 39 g KH

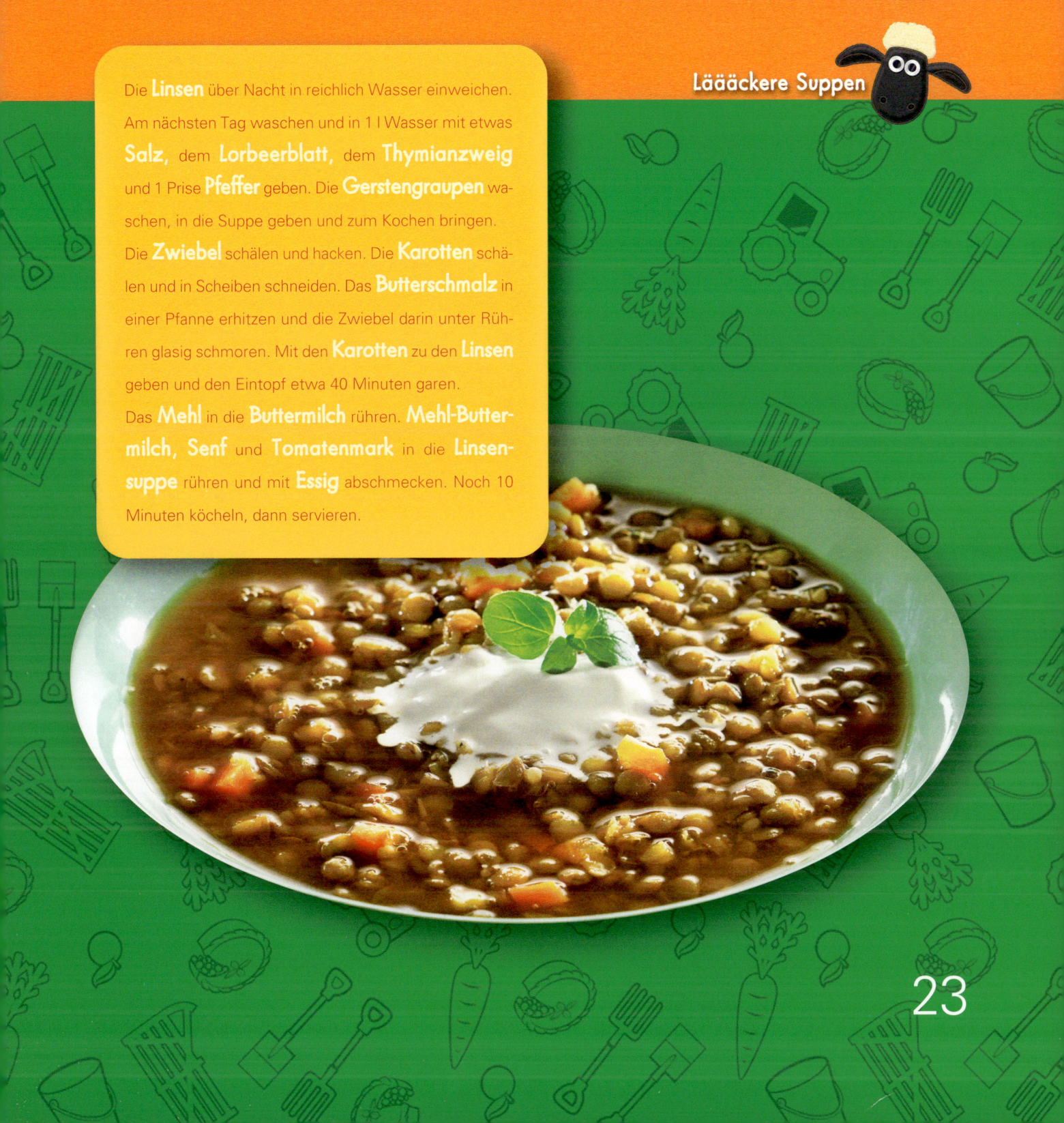

Die **Linsen** über Nacht in reichlich Wasser einweichen. Am nächsten Tag waschen und in 1 l Wasser mit etwas **Salz,** dem **Lorbeerblatt,** dem **Thymianzweig** und 1 Prise **Pfeffer** geben. Die **Gerstengraupen** waschen, in die Suppe geben und zum Kochen bringen. Die **Zwiebel** schälen und hacken. Die **Karotten** schälen und in Scheiben schneiden. Das **Butterschmalz** in einer Pfanne erhitzen und die Zwiebel darin unter Rühren glasig schmoren. Mit den **Karotten** zu den **Linsen** geben und den Eintopf etwa 40 Minuten garen. Das **Mehl** in die **Buttermilch** rühren. Mehl-Buttermilch, **Senf** und **Tomatenmark** in die **Linsensuppe** rühren und mit **Essig** abschmecken. Noch 10 Minuten köcheln, dann servieren.

Kürbiscremesuppe

Das **Kürbisfleisch** schälen und von Kernen befreien, in größere Würfel schneiden. Die **Zwiebeln** und den **Knoblauch** schälen und fein hacken.

Die **Butter** in einem Topf erhitzen und **Zwiebeln**, **Knoblauch** und **Kürbisfleisch** darin kurz anschmoren. **Wein** und **Brühe** angießen und die Suppe etwa 30 Minuten bei geringer Temperatur köcheln.

Nach der Garzeit die **Kürbissuppe** pürieren und mit **Salz**, **Pfeffer** und **Muskat** abschmecken. Die **Sahne** einrühren und nach Bedarf die Suppe etwas einkochen lassen.

Die **Kürbiscremesuppe** mit dem **Kürbiskernöl** beträufelt servieren.

Für 4 Portionen

1 kg Kürbisfleisch

(z. B. Muskatkürbis)

2 Zwiebeln

2 Knoblauchzehen

2 El Butter

100 ml trockener Weißwein

500 ml Gemüsebrühe

Salz, Pfeffer

gemahlene Muskatnuss

200 ml Sahne

2 El Kürbiskernöl

Zubereitungszeit ca. 25 Minuten
(plus Schmor- und Garzeit)
Pro Portion ca. 290 kcal/1218 kJ
5 g E ∗ 21 g F ∗ 15 g KH

Kartoffelsuppe

Lauch und **Stangensellerie** putzen, waschen und in dünne Ringe schneiden. Vom Lauch nur die hellen Teile verwenden. Die **Kartoffeln** schälen und würfeln. Bis zur Verwendung in kaltes Wasser legen.

1 El **Öl** in einem Topf erhitzen und die **Gemüsewürfel** darin unter Rühren anschmoren. Die **Kartoffelwürfel** abtropfen lassen und zugeben, die **Gemüsebrühe** angießen. **Lorbeer** und **Thymianzweig** in die Suppe geben und bei geringer Temperatur etwa 40 Minuten garen.

Nach dem Garen die **Gewürze** aus der Suppe nehmen. Die Suppe pürieren und mit **Salz** und **Pfeffer** abschmecken. Die **Sahne** zugeben und etwas einkochen lassen.

Die **Butter** in einer Pfanne schmelzen und das **Paniermehl** darin goldbraun rösten. Die **Kartoffelsuppe** auf Teller verteilen und mit je 2 El geröstetem **Paniermehl** und **Petersilie** bestreuen.

Für 4 Personen

150 g Lauch

100 g Staudensellerie

600 g Kartoffeln

1 El Pflanzenöl

1 l Gemüsebrühe

2 Lorbeerblätter

1 Thymianzweig

Salz, Pfeffer

250 ml Sahne

5 El Butter

50 g Paniermehl

2 El frisch gehackte Petersilie

Zubereitungszeit ca. 30 Minuten
(plus Schmor- und Garzeit)
Pro Portion ca. 425 kcal/1785 kJ
7 g E ∗ 27 g F ∗ 36 g KH

Rote-Rüben-Suppe

Die roten **Rüben** gut waschen und mit der Schale in kochendem Salzwasser etwa 30 Minuten garen. Abgießen, abtropfen und abkühlen lassen.

Die **Schalotten** schälen und fein hacken. Die **roten Rüben** schälen und in kleine Würfel schneiden. Die **Butter** in einem Topf erhitzen und die Schalotten darin andünsten. Die **Rübenwürfel** zugeben und kurz mitschmoren.

Die **Brühe** angießen und alles etwa 15 Minuten köcheln. Dann die Suppe pürieren, **salzen** und **pfeffern** und wieder in den Topf geben. Das **Mehl** in etwas Wasser rühren und die kochende Suppe damit binden. Mit **Essig** abschmecken.

Die **Sahne** steif schlagen. Die Suppe auf Teller verteilen und mit Sahne, **Meerret-tich** und **Schnittlauch** garnieren.

Für 4 Portionen

500 g rote Rüben

Salz

125 g Schalotten

1 El Butter

500 ml Gemüsebrühe

Pfeffer

1 El Mehl

Essig nach Geschmack

100 ml Sahne

geriebener Meerrettich

2 El fein gehackter Schnittlauch

Zubereitungszeit ca. 15 Minuten
(plus Koch- und Schmorzeit)
Pro Portion ca. 138 kcal/579 kJ
2 g E * 10 g F * 8 g KH

29

Fischsuppe

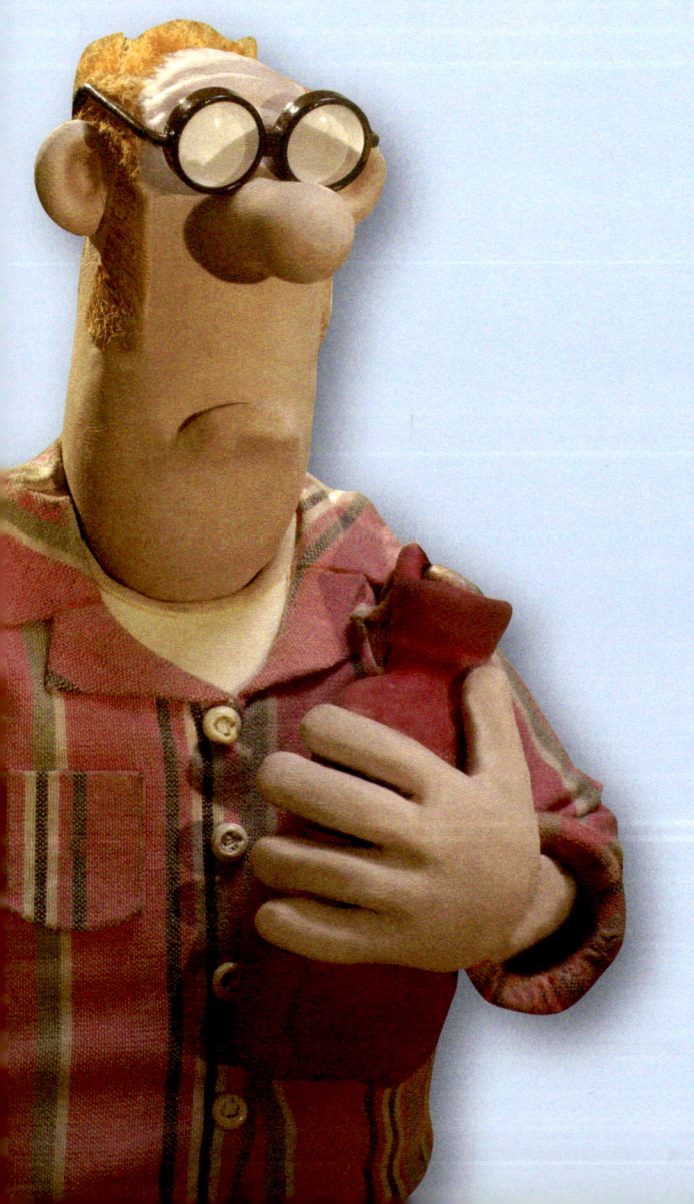

Die **Fische** waschen, trocken tupfen. Die **Tomaten** kurz in kochendes Wasser geben, herausnehmen, von Stielansätzen, Häuten und Kernen befreien und das Fruchtfleisch würfeln.

Die **Zwiebeln** und den **Knoblauch** schälen und fein hacken. Das **Butterschmalz** in einem Bräter erhitzen und beides darin unter Rühren glasig schmoren. **Paprika** darüberstreuen. **Tomaten** zugeben und mitschmoren.

Das **Suppengrün** putzen, waschen und würfeln.

Fischköpfe, Gräten, Gewürze und das Suppengrün in den Bräter geben. Etwa 2 Liter Wasser angießen und etwa 1 Stunde köcheln. Den Sud durch ein Sieb gießen und mit **Salz, Pfeffer** und **Essig** abschmecken.

Das Fischfilet in Streifen schneiden und in die heiße Suppe geben, kurz ziehen lassen. Dann mit gehackter **Petersilie** bestreut servieren. Dazu frisches **Brot** reichen.

Für 4 Portionen

ca. 1 kg Flussfischfilet, z. B.
Hecht, Waller, Karpfen, Zander,
mit Köpfen und Gräten

2 Tomaten

3 Zwiebeln

2 Knoblauchzehen

2 El Butterschmalz

1 El edelsüßes Paprikapulver

1 Bund Suppengrün

1 Tl Pfefferkörner

2 Lorbeerblätter

Salz, Pfeffer

2 El Weißweinessig

Petersilie

Zubereitungszeit ca. 30 Minuten
(plus Schmor- und Kochzeit)
Pro Portion ca. 295 kcal/1239 kJ
48 g E ✳ 7 g F ✳ 6 g KH

Kräutercremesuppe

Die **Milch** in einem Topf aufkochen, die **Butter** darin schmelzen und den **Grieß** langsam einrieseln lassen. So lange rühren, bis der **Grieß** zu quellen beginnt und die Masse zäh wird. Den **Grieß** in eine Schüssel geben und das **Ei** und das **Eigelb** schnell unterrühren. Mit **Salz, Pfeffer** und **Muskat** würzen.

Die **Gemüsebrühe** in einem Topf zum Kochen bringen. Die **Kräuter** waschen, trockenschütteln, die Blätter von den Stielen zupfen und fein hacken. In die **Brühe** geben und 10 Minuten köcheln. Die Suppe pürieren und die **Sahne** unterrühren.

Mit einem Teelöffel kleine **Grießnocken** abstechen und in kochendem Salzwasser 5 Minuten ziehen lassen. Die **Grießnocken** in Teller geben und mit der **Kräutercreme** übergießen.

Für 4 Portionen

250 ml Milch

60 g Butter

60 g Grieß

1 Ei, 1 Eigelb

Salz, Pfeffer

1 Prise frisch geriebene Muskatnuss

1 l Gemüsebrühe

1/2 Bund glatte Petersilie

1 Bund Kerbel

4 Sauerampferblätter

2 Zweige Pimpinelle

2 Zweige Zitronenmelisse

1/2 Kistchen Kresse

150 g Sahne

Zubereitungszeit ca. 30 Minuten
(plus Koch- und Garzeit)
Pro Portion ca. 375 kcal/1575 kJ
9 g E * 30 g F * 16 g KH

Möhren-Ingwer-Suppe

Die **Zwiebel** und die **Knoblauchzehen** schälen und fein hacken. Die **Möhren** schälen und würfeln, den **Sellerie** putzen, waschen und klein schneiden. Die **Ingwerwurzel** schälen und reiben. Das **Öl** in einem großen Topf erhitzen und die **Zwiebel** mit dem **Knoblauch** darin andünsten. Dann die **Möhren**, den **Sellerie** und den **Ingwer** hinzufügen und unter mehrmaligem Rühren 5 Minuten schmoren. Die **Brühe** angießen und die Suppe 30 Minuten bei geringer Temperatur garen. Dann pürieren. Den **Koriander** waschen und hacken. In die Suppe geben und diese mit **Salz und Pfeffer** würzen. Erneut aufkochen lassen und mit **saurer Sahne** abschmecken.

Für 4 Portionen

1 Zwiebel

2 Knoblauchzehen

3 Möhren

1 Stange Staudensellerie

1,5 cm Ingwerwurzel

2 El Olivenöl

1 l Gemüsebrühe

1/2 Bund Koriander

Salz, Pfeffer

2 El saure Sahne

Zubereitungszeit 25 Minuten
(plus Schmor- und Garzeit)
Pro Portion ca. 54 kcal/228 kJ
1 g E ∗ 4 g F ∗ 3 g KH

35

Shaunige Salate

Bohnen-Rettich-Salat

Die **Bohnen** über Nacht in reichlich Wasser einweichen. Am nächsten Tag das Einweichwasser abgießen und die **Bohnen** in leicht gesalzenem Wasser in etwa 40 Minuten garen. Sie dürfen nicht zerfallen. **Knoblauch** schälen und in Stücke schneiden. Zu den **Bohnen** geben und mitgaren. Nach der Garzeit die **Bohnen** abgießen, abtropfen und abkühlen lassen. Die **Schalotte** schälen und fein reiben. Die **Frühlingszwiebeln** putzen, waschen und in Ringe schneiden. Den **Rettich** waschen, schälen und in streichholzdünne Streifen schneiden. Aus **Apfelessig, Senf, Pfeffer, Salz** und **Kernöl** ein Dressing rühren. Die Salatzutaten in eine Schüssel geben und mit dem Dressing vermischen. Etwa 30 Minuten durchziehen lassen. Mit frischem **Brot** servieren.

Für 4 Portionen

300 g rote Bohnen

Salz

3 Knoblauchzehen

1 Schalotte

3 Frühlingszwiebeln

1 schwarzer Winterrettich

2 El Apfelessig

1 Tl Senf

Pfeffer

4 El Kernöl

Zubereitungszeit ca. 20 Minuten
(plus Einweich-, Gar-, Kühl- und Ruhezeit)
Pro Portion ca. 110 kcal/462 kJ
4 g E * 5 g F * 10 g KH

Das **Eigelb** mit dem **Senf**, der **Zitronen-schale** und dem **Zitronensaft** mit dem Schneebesen verrühren. Das **Öl** in feinem Strahl unter ständigem Rühren dazugeben. Die **May-onnaise** mit **Salz** und **Pfeffer** abschmecken.

Das **Currypulver** mit der **Aprikosenmar-melade** und der **Mayonnaise** glatt verrüh-ren, evtl. dafür vorher leicht erwärmen.

Die **Bananen** schälen und in Scheiben schnei-den. Sofort zur **Curry-Mayonnaise** dazuge-ben und vorsichtig unterheben.

Den **Salat** vor dem Servieren mindestens 1 Stunde im Kühlschrank ziehen lassen. Auf einem Bett aus **Blattsalat** anrichten.

Bananensalat
mit Aprikose

Für 4 Portionen

4 Eigelb

2 Tl Senf

abgeriebene Schale von

1 unbehandelten Zitrone

4 Tl Zitronensaft

250 ml Sonnenblumenöl

Salz, Pfeffer

1 El Currypulver

1 El Aprikosenmarmelade

6 große Bananen

Blattsalat zum Anrichten

Zubereitungszeit 20 Minuten
(plus Kühlzeit)
Pro Portion ca. 418 kcal/1753 kJ
7 g E * 20 g F * 50 g KH

Spinatsalat mit Käse

Den **Spinat** verlesen, putzen, waschen und gut trockenschütteln. Große Blätter zerkleinern. Den **Lachs** in kleine Stücke schneiden. Die **Haselnüsse** in einer Pfanne ohne Fett rösten und hacken. Den **Käse** in kleine Würfel schneiden. Den **Essig** mit Öl, **Senf** und den **Gewürzen** zu einem Dressing verrühren. Die **Spinatblätter** auf Teller verteilen. Darauf jeweils **Fisch**, **Haselnüsse** und **Käse** geben und mit **Petersilie** bestreuen. Das **Dressing** darüber träufeln und sofort servieren. Dazu frisches **Brot** reichen.

Für 4 Portionen

500 g junger Spinat

200 g geräucherter Lachs

100 g Haselnüsse

100 g Milawa-Blauschimmelkäse

2 El Balsamessig

6 El Olivenöl

1 Tl Dijon-Senf

Salz, Pfeffer

1/2 Bund frisch gehackte

glatte Petersilie

Zubereitungszeit ca. 20 Minuten (plus Röstzeit)
Pro Portion ca. 390 kcal/1638 kJ
21 g E ∗ 31 g F ∗ 4 g KH

Die **Gurke** schälen, halbieren und die Kerne entfernen. Die **Gurke** mit **Salz** bestreuen und zum Wasserziehen 15 Minuten beiseite stellen. Die **Mango** schälen, halbieren, den Stein entfernen und in dünne Streifen schneiden.

Die **Gurke** abtropfen lassen, waschen, trockentupfen und in dünne Scheiben schneiden. Die **Obst-** und **Gemüsestreifen** auf Küchenpapier legen, um die Feuchtigkeit aufzusaugen. Kurz vor dem Servieren mit den **Kräutern** und gerösteten **Erdnüssen** mischen.

Für die **Vinaigrette** den **Knoblauch** und die **Korianderwurzel** schälen und hacken. (Die **Korianderzweige** zerkleinern.) Im Mörser mit dem **Meersalz** zu einer feinen Paste verarbeiten. Den **Palmzucker** in einem Topf unter Rühren karamellisieren lassen. Den **Sherryessig** zugeben und 2 Minuten köcheln, dabei rühren. Abkühlen lassen. Die Mischung mit der **Knoblauch-Koriander-Paste** verrühren, den **Weinessig** zugeben und langsam das **Öl** hineintropfen lassen. Das **Dressing** pfeffern und durch ein Sieb streichen.

Das **Dressing** über den **Salat** geben und sofort servieren. Auch als Beilage zu **Geflügelgerichten** geeignet. Das Dressing kann auch als **Dip** verwendet werden.

Salat mit Palmzuckervinaigrette

Für 4 Portionen

1 Schlangengurke

1 Mango

2 El frisch gehackte Minze

2 El frisch gehackter Koriander

2 El Erdnüsse

Für die Palmzuckervinaigrette:

1 Knoblauchzehe

2 Korianderwurzeln oder

2 Korianderzweige

1 Tl Meersalz

3 El Palmzucker

2 Tl Sherryessig

5 Tl Rotweinessig

80 ml Olivenöl

Pfeffer

Zubereitungszeit ca. 40 Minuten
(plus Zeit zum Wasserziehen und Kochen)
Pro Portion ca. 145 kcal/609 kJ
1 g E ＊ 12 g F ＊ 5 g KH

Tomaten-Bohnen-Salat

Die **Bohnen** aus der Hülle lösen und in einem Topf mit kochendem Wasser etwa 35 Minuten garen. Dann abgießen, abtropfen lassen und in eine Schüssel geben.

Die **Tomaten** kreuzweise einritzen und mit kochendem Wasser übergießen. Stielansätze, Häute und Kerne entfernen und das **Tomatenfruchtfleisch** in Würfel schneiden. Zu den **Bohnen** geben.

Aus den restlichen Zutaten ein Dressing bereiten über den **Salat** träufeln. Gut durchmischen und 30 Minuten ziehen lassen. Mit frischem **Brot** oder **pikanten Muffins** servieren.

Für 4 Portionen

400 g frische braune Bohnen

7 Tomaten

2 El Balsamessig

1 El Rotweinessig

100 ml Olivenöl

Salz, Pfeffer

2 El frisch gehackter Koriander

Zubereitungszeit: ca. 20 Minuten
(plus Zeit zum Garen und Durchziehen)
Pro Portion ca. 164 kcal/688 kJ
3 g E ✱ 13 g F ✱ 7 g KH

Maurischer Zucchinisalat

Den **Knoblauch** schälen, zerdrücken, in dem **Öl** goldbraun braten, herausnehmen und entfernen. Die **Zucchinischeiben** im Bratfett so lange braten, bis sie gerade weich sind.

Sofort herausnehmen und abtropfen lassen. Anschließend in eine Schüssel geben, mit **Rosinen, Pinienkernen, Sardellenfilets** und **Salz** und **Pfeffer** vermischen. Die **Minze** waschen, trockenschütteln und klein gehackt hinzufügen.

Mit **Zitronensaft** vermischen und zugedeckt für mindestens 4 Stunden kalt stellen. Den **Salat** auf kleinen **Brotscheiben** anrichten und servieren.

Für 4 Portionen

1 große Knoblauchzehe

4 El Olivenöl

400 g Zucchini in Scheiben

50 g Rosinen

50 g Pinienkerne

3 in Öl eingelegte Sardellenfilets

Salz

Pfeffer

3 El Minzeblätter (keine Pfeffer-
minze oder krause Minze)

2 El Zitronensaft

kleine Brotscheiben

Zubereitungszeit 15 Minuten
(plus Bratzeit, plus Kühlzeit)
Pro Portion ca. 298 kcal/1250 kJ
12 g E * 17 g F * 24 g KH

Vom Huhn

Rührei mit Spargel

Den **Spargel** putzen, waschen, die holzigen Enden abschneiden und das untere Drittel schälen. Die Stangen in wenig gesalzenem Wasser mit Zucker in etwa 10 Minuten bissfest garen. Abgießen und den **Spargel** in 3 cm lange Stücke schneiden.

Die **Eier** verquirlen und mit der **Sahne** verrühren, mit **Salz** und **Pfeffer** würzen.

Die **Butter** in einer Pfanne erhitzen und die **Eier** hineingeben. Bei geringer Temperatur unter Rühren stocken lassen. Die **Spargel**stücke unter das **Rührei** heben. Das **Rührei** mit **Salz** und **Pfeffer** abschmecken und mit **Toast** servieren.

52

Für 4 Portionen

750 g grüner Spargel

Salz

1 Tl Zucker

10 Eier

250 g Sahne

Pfeffer

2 El Butter

Zubereitungszeit 30 Minuten
(plus Garzeit)
Pro Portion ca. 477 kcal/2003 kJ
24 g E ✳ 39 g F ✳ 7 g KH

Die **Frühlingszwiebeln** putzen, waschen und in Ringe schneiden. Die **Butter** in einer Pfanne erhitzen und die **Frühlingszwiebeln** darin andünsten. Die **Bohnen** abtropfen lassen und dazugeben. Die **Eier** verquirlen und mit **Koriander** und **Sahne** mischen. Die Eimischung zu den **Zwiebeln** geben und bei mittlerer Temperatur stocken lassen. Den Backofen auf 170 °C (Umluft 150 °C) vorheizen. Den **Käse** zu den gestockten **Eiern** geben und abgedeckt schmelzen lassen. Anschließend mit **Salz** und **Pfeffer** würzen. Die **Tortillas** nebeneinander auf eine Arbeitsfläche legen und mit der Eimischung belegen. Zusammenrollen und im Ofen etwa 5 Minuten backen. Die **Frühstücksburritos** mit saurer **Sahne** servieren.

Burritos

Für 4 Portionen

1/2 Bund Frühlingszwiebeln

25 g Butter

150 g rote Bohnen (Dose)

6 Eier

1/2 Bund frisch gehackter

Koriander

50 g Sahne

150 g geriebener Cheddar

Salz, Pfeffer

4 Tortillas

saure Sahne nach Geschmack

Zubereitungszeit 20 Minuten
(plus Gar- und Backzeit)
Pro Portion ca. 497 kcal/2087 kJ
26 g E ∗ 33 g F ∗ 24 g KH

Käse-Omelett

Die **Eier** aufschlagen und mit **Mineralwasser, Kräutern** und **Käse** verrühren. Salzen und pfeffern.

Das **Öl** erhitzen und aus dem Eierteig portionsweise dünne Omeletts ausbacken.

Das **Gemüse** putzen, waschen und fein würfeln. In einer Pfanne mit 1 El Öl anbraten, würzen und anschließend jeweils auf der einen Hälfte der Omeletts verteilen. Die zweite Hälfte darüberklappen.

Die **Kresse** waschen und trocknen. Die Omeletts mit **Brunnenkresse** garniert servieren.

Für 4 Portionen

12 Eier

250 ml Mineralwasser

2 El fein gewiegte Kräuter der Provence, z. B. Estragon, Majoran, Thymian

150 g geriebener Hartkäse

Salz, Pfeffer

4–5 El Erdnussöl

3 halbe Paprikaschoten (grün, gelb, rot)

1/2 Aubergine

1/2 Zucchini

2 Tomaten

1 Zwiebel

1 Knoblauchzehe

1/2 Bund Brunnenkresse

Zubereitungszeit ca. 40 Minuten
Pro Portion ca. 681 kcal/2862 kJ
38 g E ✱ 52 g F ✱ 8 g KH

57

Mexikanische Eierpfanne

Die **Mandelblättchen** in einer Pfanne ohne Öl anrösten. Die **Paprikaschoten** und die **Chilis** putzen, halbieren, entkernen und innen und außen waschen.

Die **Avocados** schälen, halbieren und entkernen. Alles in kleine Würfel schneiden und zu den **Mandelblättchen** geben.

Mit den **Gewürzen** herzhaft abschmecken und die **Gemüsebrühe** angießen. Bei milder Hitze ca. 3 Minuten garen.

In einer weiteren Pfanne das **Öl** erhitzen und die passierten **Tomaten** dazugeben. 1–2 Minuten köcheln lassen.

Die **Eier** verquirlen und mit **Salz, Pfeffer**, 1 Prise **Chili-** und **Kreuzkümmelpulver** abschmecken. Langsam in die Tomatenmasse einrühren und unter Rühren ca. 3–5 Minuten stocken lassen.

Das Gemüse in die Mitte einer Platte geben und das **Tomatenrührei** rundherum verteilen. Dazu passen Tortilla-Chips.

Für 4 Portionen

3 El Mandelblättchen

je 1 rote und gelbe Paprikaschote

2 Chilis

2 feste Avocados

Salz

Pfeffer

Chilipulver

Kreuzkümmelpulver

125 ml Gemüsebrühe

2 El Erdnussöl

500 g passierte Tomaten

6–8 Eier

Zubereitungszeit ca. 30 Minuten
Pro Portion ca. 578 kcal/2429 kJ
10 g E ∗ 61 g F ∗ 19 g KH

Eiersalat
mit Kartoffeln

Für 4 Personen

400 g Kartoffeln

Salz

8 Eier

je 2 Bund Petersilie

und Schnittlauch

3 Schalotten

200 g Naturjoghurt

2 El Mayonnaise

Salz

Pfeffer

1 EL Zitronensaft

1 Prise edelsüßes Paprikapulver

Zubereitungszeit ca. 30 Minuten (plus Garzeit)
Pro Portion ca. 340 kcal/1428 kJ
20g E 20g F 20g KH

Kartoffeln in kochendem Salzwasser etwa 20 Minuten garen. Abgießen, ausdämpfen lassen, pellen und in Scheiben schneiden. Die **Eier** in 10 Minuten hart kochen, abschrecken, schälen und abkühlen lassen. Anschließend vierteln. Für die **Kräutersauce** die **Kräuter** waschen, trockenschleudern und hacken. **Schalotten** schälen und hacken. **Joghurt** mit **Mayonnaise** verrühren, würzen und mit **Zitronensaft** und **Paprikapulver** abschmecken. Die **Kräuter** unterheben. **Eier** und **Kartoffeln** auf einer Platte anrichten und mit der **Kräutersauce** überziehen.

61

Vom Acker

Spinatroulade

Die **Kartoffeln** waschen und mit der Schale in wenig gesalzenem Wasser etwa 20 Minuten kochen, dann abgießen, ausdämpfen lassen, pellen und mit dem Stampfer zerkleinern. Das Kartoffelpüree mit **Mehl** und **Eiern** mischen und mit **Salz** und **Pfeffer** würzen.

Den **Spinat** putzen, waschen und tropfnass in einen heißen Topf geben, bis er zusammenfällt. Aus dem Topf nehmen und gut abtropfen lassen.

Den **Kartoffelteig** auf einem Küchentuch etwa 0,5 cm dick ausrollen und den **Spinat** darauf verteilen. Die **Knoblauchzehen** schälen, fein hacken und darüber streuen. Mit **Salz, Pfeffer** und **Muskatnuss** würzen. Den **Kartoffelteig** mit Hilfe des Tuchs zusammenrollen und die Enden des Tuchs zusammenbinden, sodass die Roulade nicht herausfällt. In kochendem Salzwasser etwa 20 Minuten garen.

Die **Spinatroulade** auswickeln und in Scheiben schneiden. Mit **Parmesan** bestreuen und nach Belieben mit flüssiger **Butter** servieren.

64

Für 4 Portionen

1 kg Kartoffeln

Salz

250 g Mehl

3 Eier

Pfeffer

1 kg Spinat

2 Knoblauchzehen

gemahlene Muskatnuss
nach Geschmack

50 g frisch geriebener Parmesan

60 g Butter

Zubereitungszeit ca. 40 Minuten
(plus Koch- und Garzeit)
Pro Portion ca. 675 kcal/2835 kJ
27 g E * 23 g F * 85 g KH

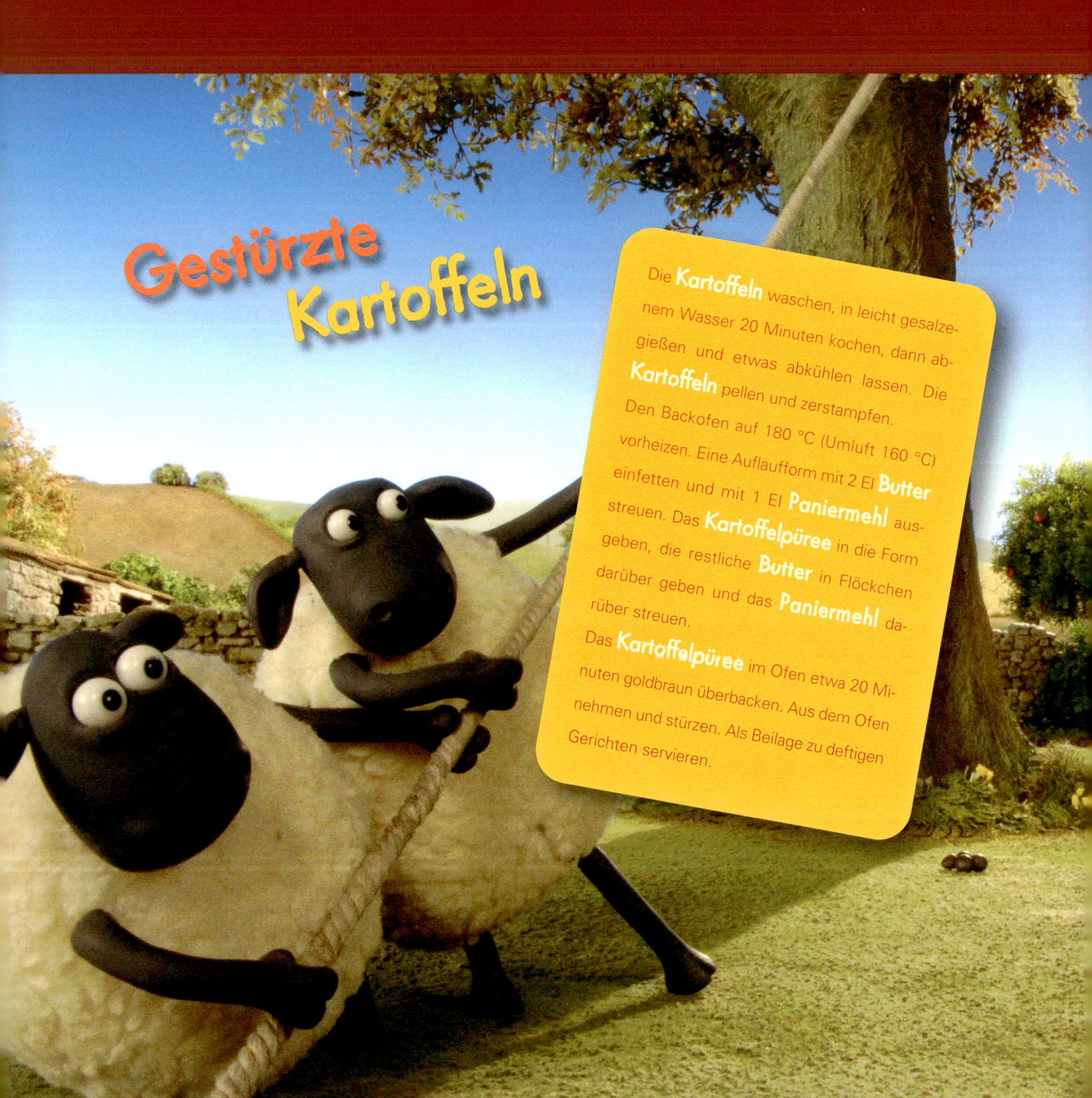

Gestürzte Kartoffeln

Die **Kartoffeln** waschen, in leicht gesalzenem Wasser 20 Minuten kochen, dann abgießen und etwas abkühlen lassen. Die **Kartoffeln** pellen und zerstampfen. Den Backofen auf 180 °C (Umluft 160 °C) vorheizen. Eine Auflaufform mit 2 El **Butter** einfetten und mit 1 El **Paniermehl** ausstreuen. Das **Kartoffelpüree** in die Form geben, die restliche **Butter** in Flöckchen darüber geben und das **Paniermehl** darüber streuen.

Das **Kartoffelpüree** im Ofen etwa 20 Minuten goldbraun überbacken. Aus dem Ofen nehmen und stürzen. Als Beilage zu deftigen Gerichten servieren.

Für 4 Portionen

750 g Kartoffeln

Salz

60 g Butter

3 El Paniermehl

Pfeffer

frisch geriebene Muskatnuss

Zubereitungszeit ca. 30 Minuten
(plus Koch- und Backzeit)
Pro Portion ca. 260 kcal/1092 kJ
4 g E * 12 g F * 31 g KH

Gefüllte Kartoffeln

Den Backofen auf 200 °C (Umluft 180 °C) vorheizen. Die **Kartoffeln** gut waschen und mit einer Gabel einstechen. Auf ein Backblech setzen und im Ofen etwa 45 Minuten garen.

Die **Pilze** putzen, feucht abreiben und in Scheiben schneiden. Die **Sojasprossen** waschen und gut abtropfen lassen. Die **Frühlingszwiebeln** putzen, waschen und in Ringe schneiden.

Von den **Kartoffeln** das obere Drittel abschneiden und das Innere etwas aushöhlen. 2 El Öl in einer Pfanne erhitzen und die **Gemüse** darin kurz dünsten. Mit **Salz** und **Pfeffer** würzen. Die **Gemüsemischung** in die **Kartoffeln** füllen.

Die **Kartoffeln** im Ofen weitere 10 Minuten backen, anschließend mit **Parmesan** bestreuen und servieren.

Für 4 Portionen

4–6 große Kartoffeln

250 g Champignons

100 g Sojabohnensprossen

6 Frühlingszwiebeln

Olivenöl

Salz, Pfeffer

50 g frisch geriebener
Parmesan

1 Tl getrockneter Thymian

Zubereitungszeit 20 Minuten
(plus Back- und Schmorzeit)
Pro Portion ca. 337 kcal/1415 kJ
10 g E ✳ 20 g F ✳ 28 g KH

Weinkartoffeln

Die **Kartoffeln** schälen, waschen und in sehr dünne Scheiben schneiden. Auf Küchenpapier trockentupfen.

Die **Zwiebeln** schälen und in kleine Würfel schneiden. Das **Butterschmalz** in einem Topf erhitzen und die **Zwiebeln** darin andünsten. Die **Kartoffelscheiben** dazugeben und kräftig mitbraten. Die **Kartoffeln** sollten schön knusprig goldbraunsein.

Wein, **Gemüsebrühe** und **Lorbeerblatt** zu den **Kartoffeln** geben und alles bei geschlossenem Deckel etwa 20 Minuten schmoren, bis die **Kartoffeln** gar sind.

Den Deckel abnehmen und die Flüssigkeit einkochen lassen. Das **Lorbeerblatt** entfernen und die **Weinkartoffeln** mit **Salz** und **Pfeffer** würzen. Die **Petersilie** darüber streuen.

Weinkartoffeln zu gebratenem **Gemüse** reichen.

Für 4 Portionen

1 kg Kartoffeln

2 Zwiebeln

3 El Butterschmalz

200 ml Weißwein

250 ml Gemüsebrühe

1 Lorbeerblatt

Salz

Pfeffer

1/2 Bund gehackte Petersilie

Zubereitungszeit ca. 20 Minuten
(plus Garzeit)
Pro Portion ca. 303 kcal/1271
6 g E ∗ 13 g F ∗ 39 g KH

Frühlingsgemüse - Gratin

Die **Kartoffeln** kochen, abgießen, abschrecken, pellen, in Spalten schneiden und mit **Salz** bestreuen.

Den **Spargel** schälen und die holzigen Enden abschneiden. Spargel in Stücke schneiden und in **Salzwasser** mit **Zucker** und **Butter** bissfest garen. **Kohlrabi** und **Möhren** schälen, **Kohlrabi** in Stücke, **Möhren** in Scheiben schneiden. Beides in **Salzwasser** bissfest garen. **Zuckerschoten** putzen und in **Salzwasser** blanchieren. **Petersilie** waschen, trockenschütteln und hacken. **Kartoffeln**, **Gemüse** und **Petersilie** in eine gefettete Form geben und mit **Brühe** beträufeln. Den **Käse** in Stücken darüber verteilen. Den **Zwieback** fein zerbröseln und über das **Gratin** streuen. Das **Gratin** im vorgeheizten Backofen bei 200 °C (Umluft 180 °C) ca. 30 Minuten überbacken.

Für 4 Portionen

500 g vorwiegend fest

kochende Kartoffeln

Salz

250 g weißer Spargel

1 Prise Zucker

1 Tl Butter

1 Kohlrabi

300 g Möhren

200 g Zuckerschoten

1 Bund Petersilie

6 El Gemüsebrühe

300 g Ziegencamembert

2 Zwieback

Fett für die Form

Zubereitungszeit ca. 35 Minuten
(plus Gar- und Backzeit)
Pro Portion ca: 395 kcal/1620 kJ
21 g E * 21 g F * 28 g KH

Für 4 Portionen

1 kg Kartoffeln

Salz

100 g Butter

geriebene Muskatnuss

6 Eigelb

Fett für das Blech

Zubereitungszeit: ca. 20 Minuten
(plus Garzeit)
Pro Portion ca. 532 kcal/2228 kJ
12 g E ✳ 35 g F ✳ 37 g KH

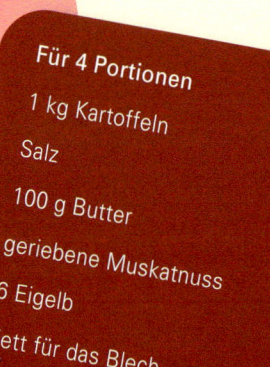

Die **Kartoffeln** waschen und in **Salzwasser** etwa 20 Minuten kochen, dann abgießen, abtropfen lassen und pellen. Anschließend durch die Kartoffelpresse drücken oder mit dem Stampfer sehr fein stampfen.

Das **Kartoffelpüree** mit der **Butter** vermischen und mit **Salz** und **Muskatnuss** würzen. 5 Eigelb unter das **Püree** rühren und die Masse schaumig schlagen. Den Backofen auf 220 °C (Umluft 200 °C) vorheizen.

Den **Kartoffelbrei** in einen Spritzbeutel mit großer Tülle geben und kleine Häufchen auf ein gefettetes Backblech setzen. Restliches **Eigelb** verquirlen und die **Herzoginkartoffeln** damit bestreichen. Im Ofen etwa 10 Minuten backen.

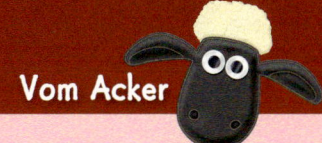
Herzoginkartoffel

Reibekuchen

Die **Kartoffeln** schälen, waschen und auf einer nicht zu feinen Reibe mittelfein reiben. Die geriebenen **Kartoffeln** in ein Sieb geben und abtropfen lassen, dabei die Flüssigkeit auffangen. Die im Kartoffelwasser abgesetzte Stärke wieder zu den **Kartoffeln** geben. **Zwiebel** schälen, fein reiben, zu den **Kartoffeln** geben und unterheben. Die **Eier** mit **Mehl**, **Semmelbröseln** und **Salz** ebenfalls zu den **Kartoffeln** geben. Alles miteinander vermischen und abschmecken.
In einer schweren Pfanne das **Schweineschmalz** oder **Öl** erhitzen. Mit einem Esslöffel kleine Teighäufchen in das Fett setzen und flach drücken. Auf beiden Seiten knusprig braun braten und auf Küchenpapier etwas abtropfen lassen.

Für 4 Portionen

1 kg Kartoffeln

1 Zwiebel

3 Eier

100 g Mehl

100 g Semmelbrösel

Salz

Schweineschmalz oder

Öl zum Braten

Zubereitungszeit 20 Minuten
(plus Bratzeit)
Pro Portion ca. 435 kcal/1827 kJ
16 g E * 7 g F * 74 g KH

Vom Italiener

Makkaroni mit Käse

Die **Butter** in einem Topf schmelzen und das **Mehl** darin anschwitzen. Unter Rühren die **Milch** zugeben und aufkochen lassen. Die Sauce weitere 5 Minuten köcheln, bis sie homogen und sämig ist. Warm stellen. Die **Nudeln** nach Packungsanweisung in gesalzenem Wasser bissfest garen. Dann abgießen und abtropfen lassen. Den Backofen auf 180 °C (Umluft 160 °C) vorheizen. Die beiden **Käsesorten** bis auf 20 g miteinander mischen und mit den **Gewürzen** in die Sauce rühren. Die Nudeln dazugeben und gut mit der Sauce vermischen. In eine feuerfeste Form füllen, restlichen Käse darüber streuen und die Nudeln im Ofen etwa 20 Minuten überbacken. Mit **Petersilie** bestreut servieren.

Für 6 Portionen

2 El Butter

3 El Mehl

1 l Milch

500 g Makkaroni

400 g frisch geriebener Pecorino

60 g frisch geriebener Parmesan

1 Tl Salz

1 Tl Pfeffer

1 Tl geriebene Muskatnuss

2 El frisch gehackte Petersilie

Zubereitungszeit 20 Minuten
(plus Gar- und Backzeit)
Pro Portion ca. 578 kcal/2429 kJ
35 g E ∗ 18 g F ∗ 68 g KH

81

Kürbis waschen, putzen und schälen. Das Fruchtfleisch auf der Haushaltsreibe in Streifen hobeln. Die **Paprika** vierteln, entkernen, waschen und fein würfeln. **Sesamsaat** in einer Pfanne ohne Fett rösten, herausnehmen. **Butter** in einer Pfanne zerlassen, **Currypulver** und Paprika würfel kurz darin andünsten. **Brühe** und **Sahne** dazugießen, aufkochen lassen, die Kürbisraspeln zugeben und offen 3 Minuten kochen. Mit **Zitronensaft, 1 Prise Zucker, Salz** und **Pfeffer** würzen. **Spaghettini** nach Packungsanweisung in Salzwasser bissfest garen, abgießen und in einer vorgewärmten Schüssel mit der Sauce vermischen. Die **Petersilie** waschen, trockenschütteln, grob hacken und mit dem Sesam unterheben.

Kürbis-Spaghettini

Für 4 Portionen

400 g Kürbisfleisch

1 rote Paprika

20 g Sesamsaat

40 g Butter

1–2 El Currypulver (mild)

50 ml Gemüsebrühe

200 ml Schlagsahne

1 El Zitronensaft

Zucker

Salz

Pfeffer

400 g Spaghettini

1 Bund glatte Petersilie

Zubereitungszeit ca. 35 Minuten
Pro Portion ca. 643 kcal/2701 kJ
17 g E ✳ 29 g F ✳ 78 g KH

83

Tagliatelle mit Frischkäse-Brokkoli-Sauce

Brokkoli putzen, in kleine Röschen teilen, den Strunk schälen und würfeln. Röschen 4 Minuten in der Brühe garen. Dann abgießen und die Brühe auffangen. Zwiebel schälen und fein würfeln, mit den Brokkoliröschen im zerlassenen Fett andünsten, mit 500 ml von der Brühe ablöschen und zugedeckt 8 Minuten garen. Nudeln in ausreichend kochendem Salzwasser nach Packungsanweisung bissfest garen. Brokkoli in der Brühe pürieren. Frischkäse und 30 g geriebenen Parmesan unterrühren, Brokkolistiele zugeben und nochmals aufkochen. Mit Salz und Pfeffer abschmecken, mit den abgetropften Nudeln, grob gemahlenem Pfeffer und dem restlichen Parmesan anrichten.

84

Für 4 Portionen

600 g Brokkoli

600 ml Gemüsebrühe

1 Zwiebel

1 El Butter

300 g Bandnudeln

Salz

100 g Kräuter-Frischkäse

50 g frisch geriebener

Parmesan

Pfeffer

Zubereitungszeit ca. 25 Minuten
Pro Portion ca. 482 kcal/2024 kJ
20 g E ∗ 20 g F ∗ 55 g KH

Den **Spinat** putzen, gründlich waschen und in Salzwasser 5 Minuten blanchieren. Anschließend abschrecken und gut ausdrücken. Die **Zwiebeln** schälen und fein würfeln, die **Tomaten** waschen, putzen und in Scheiben schneiden, den **Knoblauch** schälen und durchpressen.

Spinat und Zwiebeln im Fett andünsten, mit **Mehl** bestäuben und mit **Milch** und **Sahne** auffüllen. Knoblauch und **Kräuter der Provence** dazugeben, 2 Minuten garen. Vom Herd nehmen und die **Eier** unterrühren. Mit **Salz** und frisch gemahlenem **Pfeffer** würzen. Abwechselnd **Lasagneblätter**, Spinat, Tomaten und **Käse** in eine flache Auflaufform schichten, als letzte Schicht Spinat und Käse. Im heißen Backofen bei 180 °C auf der mittleren Schiene 50 Minuten backen. Die **Petersilie** fein hacken, die Lasagne mit der Petersilie bestreut servieren.

Spinat-Lasagne

Für 4 Portionen

2 kg Blattspinat

Salz

200 g Zwiebeln

600 g Strauchtomaten

1–2 Knoblauchzehen

50 g Butter

40 g Mehl

300 ml Milch

250 ml Schlagsahne

1 El Kräuter der Provence (getrocknet)

5 Eier

Pfeffer

12–15 Lasagneblätter

(ohne Kochen)

300 g geriebener Fontinakäse

1/2 Bund glatte Petersilie

Zubereitungszeit ca. 20 Minuten
(plus Garzeit)
Pro Portion ca. 1013 kcal/4255 kJ
54 g E ✳ 61 g F ✳ 60 g KH

Salbeinudeln

Den **Käse** reiben. Die **Nudeln** nach Packungsanweisung in reichlich Salzwasser biss-fest garen. Abgießen und abtropfen lassen. Die **Salbeiblätter** waschen, trocknen und in Streifen schneiden. Die **Butter** in einer Pfanne erhitzen und den Salbei darin anrösten. Bandnudeln zum Salbei geben und kurz darin schwenken. In einer vorgewärmten Schüssel mit dem geriobenen Käse mischen.

Mit schwarzem **Pfeffer** bestreut servieren.

88

Für 4 Portionen

150 g würziger Hartkäse

200 g Bandnudeln

10 frische Salbeiblätter

2 El Butter

Pfeffer

Zubereitungszeit ca. 25 Minuten
Pro Portion ca. 328 kcal/1378 kJ
18 g E ✳ 12 g F ✳ 35 g KH

90

Vom Feld

Zwiebelkompott

Die **Zwiebeln** schälen und in dünne Ringe schneiden oder fein reiben.
Die **Butter** in einer Pfanne erhitzen und die **Zwiebelringe** darin glasig schmoren. Den **Apfel** schälen und ebenfalls in dünne Scheiben reiben. Zu den **Zwiebeln** geben und mitschmoren, bis der **Apfel** weich ist.
Den **Zucker** darüberstreuen und karamellisieren lassen. Dann mit **Salz** und **Pfefferkörnern** würzen, das **Lorbeerblatt** hinzufügen. Den **Wein** angießen und unter Köcheln einkochen lassen. Kalt servieren.

Für 4 Portionen

750 g rote Zwiebeln

2 El Butter

1 Apfel

1 El Zucker

Salz

4 Pfefferkörner

1 Lorbeerblatt

200 ml Weißwein

Zubereitungszeit ca. 30 Minuten
(plus Schmor- und Abkühlzeit)
Pro Portion ca. 148 kcal/621 kJ
2 g E ✳ 4 g F ✳ 19 g KH

Süßsaures
Kürbisgemüse

Für 4 Portionen

500 g Kürbis

1/2 Tl Kreuzkümmel

1/2 Tl Essig

1 Tl Zucker

1 Tl Paprikapulver

1 Zwiebel

4 El Pflanzenöl

3 El Mehl

125 g saure Sahne

Zubereitungszeit ca. 20 Minuten
(plus Zeit zum Durchziehen und Schmoren)
Pro Portion ca. 163 kcal/684 kJ
4 g E ∗ 8 g F ∗ 16 g KH

Den **Kürbis** schälen, die Kerne entfernen und das Fruchtfleisch in dünne Streifen schneiden. In einer Schüssel mit dem **Kreuzkümmel, Essig, Zucker** und **Paprika** vermischen und 15 Minuten durchziehen lassen.

Die **Zwiebel** schälen und hacken. Das **Öl** in einer Pfanne erhitzen und die **Zwiebel** darin goldgelb schmoren. Den **Kürbis** zugeben und abgedeckt etwa 10 Minuten schmoren. Nach Bedarf etwas Flüssigkeit (z. B. **Brühe**) zugeben.

Das **Mehl** in etwas Wasser anrühren und den **Kürbis** damit binden. Zuletzt die saure **Sahne** unterrühren und erhitzen.

Für 4 Portionen

4 Zucchiniblüten mit Frucht

20 g Rosinen

150 g Ricotta

2 El frisch gehacktes Basilikum

2 El frisch gehackter Kerbel

Salz, Pfeffer

2 Tomaten

2 El grüne Oliven ohne Kern

2 El Olivenöl

abgeriebene Schale

von 1 unbehandelten Zitrone

1 Tl Balsamessig

Zubereitungszeit ca. 30 Minuten
(plus Garzeit)
Pro Portion ca. 152 kcal/638 kJ
6 g E * 11 g F * 6 g KH

Die Zucchiniblüten waschen und trockenschütteln, ohne die Blüte zu beschädigen. Die Blüte vorsichtig öffnen und den Stempel entfernen. Die Rosinen heiß abspülen und mit dem Ricotta und den Kräutern mischen. Mit Salz und Pfeffer würzen.

Die Masse in einen Spritzbeutel füllen und in die Zucchiniblüten spritzen. Die Zucchini waschen, längs mehrmals einschneiden und mit den Blüten im Dämpftopf etwa 8 Minuten garen.

Die Tomaten heiß überbrühen, von Haut, Stielansatz und Kernen befreien und in Achtel schneiden. Die Oliven in Scheiben schneiden und mit den Tomaten mischen. Die restlichen Zutaten verrühren, würzen und als Dressing darüber geben. Die gegarten Zucchiniblüten in der Länge halbieren und servieren.

Gefüllte Zucchiniblüten

Gemüse aus dem Ofen

Für 4 Portionen

200 g rote Paprikaschoten

200 g Karotten

200 g Auberginen

200 g Zucchini

200 g Fenchel

10 El Olivenöl, Salz

je 1 Tl getrockneter Thymian, Oregano und Rosmarin

5 El Balsamessig

Zubereitungszeit ca. 30 Minuten (plus Backzeit)
Pro Portion ca. 76 kcal/319 kJ
3 g E * 3 g F * 7 g KH

Den Backofen auf 250 °C (Umluft 230 °C) vorheizen. Das **Gemüse** putzen, waschen, die **Paprika** entkernen und die **Karotten** schälen. Die **Auberginen** in Scheiben schneiden, mit **Salz** bestreuen und beiseite stellen, bis Saft austritt. Dann waschen und trockentupfen.

Die **Paprikaschoten** in 3 cm große Stücke schneiden. Die **Karotten** und die **Zucchini** in 1 cm dicke Scheiben schneiden, den **Fenchel** in Streifen schneiden. Ein Backblech mit 3 El **Öl** einpinseln und das **Gemüse** darauf legen. Mit den **Kräutern** bestreuen, das restliche **Olivenöl** darüber träufeln und salzen. Das **Gemüse** im Ofen etwa 30 Minuten garen. Mehrmals wenden. Aus dem Ofen nehmen und etwas abkühlen lassen.

Das **Gemüse** auf eine Platte legen und mit dem Balsamessig beträufeln. Lauwarm mit frischem **Ciabatta-Brot** servieren.

Für 4 Portionen

200 g kleine weiße Zwiebeln

200 g rote Zwiebeln

3 El Zucker

4 El Apfelessig

100 ml Weißwein

100 ml Gemüsebrühe

Salz, Pfeffer

Zubereitungszeit ca. 20 Minuten
(plus Kochzeit)
Pro Portion ca. 64 kcal/268 kJ
1 g E ✳ 1 g F ✳ 9 g KH

Zwiebelgemüse

Die **Zwiebeln** schälen und in ihre Schichten zerlegen. In einem großen Topf den **Zucker** unter Rühren karamellisieren lassen.

Den **Karamell** mit **Apfelessig** ablöschen und die Zwiebelschichten hineingeben. Die **Zwiebeln** im **Sirup** bei geringer Temperatur 3 Minuten dünsten.

Mit **Weißwein** und Brühe ablöschen und die Flüssigkeit um die Hälfte einkochen. Mit **Salz** und **Pfeffer** abschmecken. Die süßsauren **Zwiebeln** kalt als Beilage zu Kartoffelgerichten servieren.

101

Griechische Möhren

Die **Möhren** mit dem Grün gründlich waschen, schälen und das Grün bis auf 2–3 cm abschneiden. Die **Chili** putzen, waschen und halbieren, Stielansatz und Kerne entfernen und Schote sehr klein würfeln. Die **Orangen** heiß abwaschen, Schale von 1/2 **Orange** abreiben und **Orangen** auspressen.

Das **Olivenöl** erhitzen und die **Möhren** mit dem **Chili** darin andünsten. **Orangensaft** und -schale mit dem **Balsamessig** zugießen und aufkochen lassen. **Möhren** zugedeckt bei geringster Hitze etwa 8 -10 Minuten garen.

Den **Sellerie** putzen, waschen und in feine Scheiben schneiden. **Minze** waschen und trockenschütteln, anschließend grob hacken. Mit **Mandelblättchen, Korinthen** und **Sellerie** mischen. Zu den **Möhren** geben und unterheben. Alles mit **Salz** abschmecken. **Möhren** anrichten, mit etwas **Zitronensaft** beträufeln und servieren.

Für 4 Portionen

700 g kleine Möhren mit Grün

1 rote Chilischote

2 Orangen

3 El Olivenöl

2 El feiner Balsamessig

1 Selleriestange

1/2 Bund Minze

2 El Mandelblättchen

40 g Korinthen

Salz

Saft von 1/2 Zitrone

Zubereitungszeit 20 Minuten
(plus Garzeit)
Pro Portion ca. 203 kcal/851 kJ
4 g E ∗ 11 g F ∗ 20 g KH

103

Den **Spargel** waschen, das untere Drittel schälen und die Stangenenden abschneiden. In Salzwasser zugedeckt etwa 15 Minuten gar ziehen. Herausnehmen und warm halten.

Das **Ei** trennen, das **Eiweiß** zur Seite stellen. Das **Eigelb** mit dem **Senf** sehr schaumig schlagen. Das **Öl** unter ständigem Rühren langsam in dünnem Strahl hinzugießen. So lange weiterschlagen, bis eine dicke **Mayonnaise** entsteht.

Salzen, pfeffern und mit dem **Zitronensaft** abschmecken.

Die **Kräuter** waschen und trockenschütteln. Die **Blättchen** von den Stielen abzupfen und klein hacken. Das **Eiweiß** zu **Eischnee** schlagen und mit dem Schneebesen unter die **Mayonnaise** ziehen. Den **Spargel** mit der Sauce anrichten und mit **Kräutern** bestreut servieren.

Grüner Spargel mit Zitronensauce

Für 4 Portionen

1 kg grüner Spargel

Salz

1 großes Ei

200 ml Nussöl

1 El scharfer Senf

Saft von 1/2 Zitrone

Pfeffer

gemischte Kräuter (z.B.

Schnittlauch, Kerbel, Estragon)

Zubereitungszeit 20 Minuten
(plus Kochzeit)
Pro Portion ca. 293 kcal/1229 kJ
7 g E * 27 g F * 6 g KH

105

Linsenpuffer
mit Joghurtsauce

Die Linsen mit 300 ml Wasser 30 Minuten gar köcheln. Vom Herd nehmen, mit so viel Wasser auffüllen, das die Linsen gerade bedeckt sind. Den Bulgur darin zugedeckt 1 1/2 Stunde quellen lassen. Die Gurke putzen, waschen, längs halbieren und die Kerne entfernen. Die Gurke grob reiben und mit dem Joghurt vermischen. Den Knoblauch schälen und 2 Zehen hinzupressen, mit Salz abschmecken.

Die Zwiebel schälen und in der Hälfte des Öls mit dem restlichen Knoblauch 5 Minuten dünsten. Kreuzkümmel und Korlander darunter rühren. Mit den Linsen, der Minze, den Eiern, etwas Mehl und Meersalz verkneten. Ist die Masse noch dickflüssig, noch etwas Mehl hinzufügen.

Das restliche Öl erhitzen und nacheinander aus der Masse in etwa 3 Minuten kleine Puffer backen.

Abtropfen lassen, mit Meersalz würzen und warm mit der kalten Joghurtsauce servieren.

Für 4 Portionen

75 g braune Linsen

175 g Bulgur

1 kleine Salatgurke

250 g Naturjoghurt

3–4 Knoblauchzehen

1 Tl Meersalz

1 Zwiebel

80 ml Olivenöl

3 Tl Kreuzkümmel

2 Tl gemahlener Koriander

3 El gehackte frische Minze

4 Eier

Mehl

Zubereitungszeit 40 Minuten
(plus Garzeit)
Pro Portion ca. 458 kcal/1922 kJ
20 g E * 20 g F * 48 g KH

Lauchkuchen mit Käse

Für 6 Portionen

1 Zwiebel

2 Lauchstangen

80 ml Olivenöl

50 g Butter

125 g Mehl

1/2 Tl Backpulver

3–4 Eier

200 g saure Sahne

300 g Schafskäse

125 g frisch geriebener Gruyère

4 El gehackte frische

Petersilie

Salz

Pfeffer

schwarze Oliven zum Garnieren

Zubereitungszeit ca. 30 Minuten
(plus Backzeit)
Pro Portion ca. 838 kcal/3518 kJ
34 g E * 66 g F * 28 g KH

Die **Zwiebel** schälen und in Ringe schneiden. Den **Lauch** putzen und gut waschen. Anschließend in Ringe schneiden. Das **Öl** und die **Butter** in einer Pfanne erhitzen und **Zwiebel** sowie **Lauchringe** darin bei geringer Temperatur etwa 10 Minuten dünsten. Pfanne vom Herd nehmen und das **Gemüse** abkühlen lassen.

Den Backofen auf 180 °C (Umluft 160 °C) vorheizen. Eine Springform mit 24 cm Durchmesser einfetten. Das **Mehl** mit **Backpulver** mischen und in eine Schüssel geben.

Eier, saure Sahne, Schafskäse und **Gruyère** (2 Esslöffel beiseite stellen) unter das **Mehl** mischen. Zwiebel-Lauch-Mischung dazugeben und die **Petersilie** hinzufügen. Alles gut miteinander verrühren und mit **Salz** und **Pfeffer** abschmecken. Die **Käsemasse** in die Springform geben und mit dem restlichen **Gruyère** bestreuen. Im Ofen etwa 40 Minuten backen. Mit **Oliven** garniert heiß servieren.

Kürbistorte

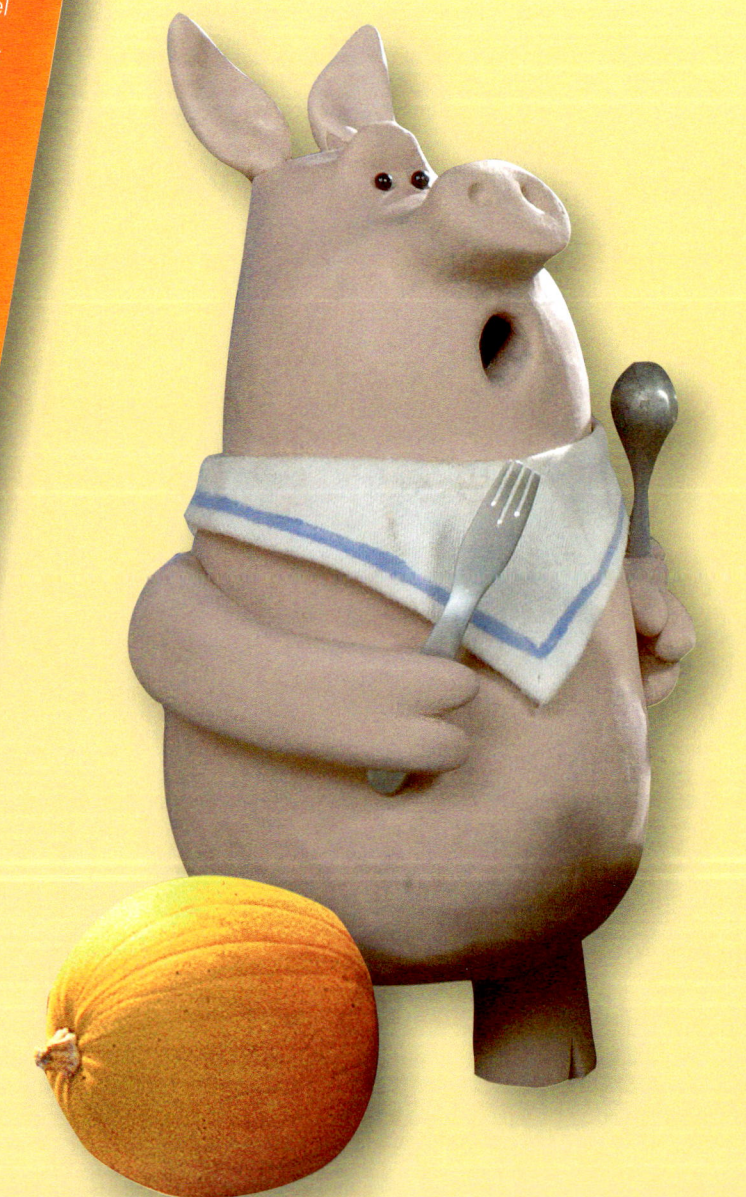

Den **Blätterteig** auftauen lassen. Den **Kürbis** waschen und in 1 cm dicke Würfel schneiden (Hokkaido braucht nicht geschält zu werden). Den Backofen auf 200 °C (Umluft 180 °C) vorheizen.

Die **Chilischote** putzen, waschen, entkernen und fein hacken. Mit **Crème fraîche, Sahne** und **Eiern** in einer Schüssel verrühren und mit **Salz** und **Cayennepfeffer** würzen. Den **Schafskäse** fein würfeln und unter die **Eier-Sahne** mischen.

Eine Springform mit der **Butter** ausstreichen und mit **Paniermehl** ausstreuen. Den **Blätterteig** auf einer bemehlten Arbeitsfläche ausrollen und in die Form legen. Einen Rand hochziehen. Den Teig mit einer Gabel mehrmals einstechen und im Ofen etwa 3 Minuten backen.

Die **Kürbiswürfel** auf dem Boden verteilen und mit der **Eier-Käse-Sahne** übergießen. Die **Torte** im Ofen etwa 35 Minuten backen, bis die Oberfläche goldbraun ist.

110

Für 1 Springform
(26 cm Durchmesser)

200 g TK-Blätterteig

800 g Hokkaidokürbis

1 rote Chilischote

150 g Crème fraîche

100 ml Sahne

3 Eier

Salz

Cayennepfeffer

200 g Schafskäse

1 El Butter

Paniermehl für die Form

Zubereitungszeit: ca. 30 Minuten
(plus Backzeit)
Pro Stück ca. 220 kcal/924 kJ
7 g E * 17 g F * 9 g KH

Aus dem Wald

Pfifferlinge in Rahm

Die **Pilze** putzen, waschen und trocken tupfen. Größere **Pilze** klein schneiden. Die **Zwiebel** und **Knoblauchzehe** schälen und hacken. Die **Frühlingszwiebeln** putzen, waschen und in dünne Ringe schneiden. Die **Butter** in einer Pfanne erhitzen und die **Zwiebel** mit dem **Knoblauch** darin glasig dünsten. Die **Frühlingszwiebeln** und die **Pilze** zugeben und unter Rühren ca. 7 Minuten schmoren. Die **Pilze** mit **Salz** und **Pfeffer** würzen und die **Sahne** unterrühren. Kurz erhitzen und die **Petersilie** unterheben. Mit frischem **Brot** servieren

Für 4 Portionen

500 g frische Pfifferlinge

1 Zwiebel

1 Knoblauchzehe

2 Frühlingszwiebeln

2 El Butter

Salz, Pfeffer

200 ml Sahne

2 El frisch gehackte Petersilie

Zubereitungszeit: ca. 20 Minuten
(plus Schmorzeit)
Pro Portion ca. 210 kcal/882 kJ
3 g E * 19 g F * 4 g KH

115

Pilzgulasch

Die **Pilze** putzen, waschen und gut abtropfen lassen. Größere Exemplare klein schneiden. Die **Zwiebel** schälen und fein hacken. Die **Butter** in einer Pfanne erhitzen und die Zwiebel darin glasig dünsten. Die Pilze zugeben und etwa 10 Minuten schmoren. Mit **Salz, Pfeffer** und **Paprikapulver** würzen. Das **Mehl** darüberstreuen und gut unterrühren. Den **Wein** angießen und einkochen lassen.

Die **saure Sahne** unterheben und erhitzen. Die **Petersilie** waschen, trocken schütteln und hacken. Über das Pilzgulasch streuen und servieren. Dazu schmecken Semmelknödel.

116

Für 4 Portionen

500 g gemischte Pilze nach Wahl

1 Zwiebel

40 g Butter

Salz, Pfeffer

1/2 Tl Paprikapulver

40 g Mehl

150 ml Weißwein

250 g saure Sahne

1/2 Bund Petersilie

Zubereitungszeit ca. 30 Minuten
(plus Schmor- und Garzeit)
Pro Portion ca. 237 kcal/995 kJ
6 g E ∗ 15 g F ∗ 12 g KH

Wildreis-Pilz-Pfanne

Den **Wildreis** waschen und nach Packungsanweisung garen. Die **Zwiebel** schälen und hacken. Die **Champignons** putzen, feucht abreiben und in Scheiben schneiden.

Die **Butter** in einem Topf schmelzen und die **Zwiebel** darin glasig dünsten. Das **Mehl** darüber stäuben und nach und nach die **Fleischbrühe** unter Rühren hinzufügen und zum Kochen bringen. So lange rühren, bis die Masse eindickt. Den Backofen auf 175 °C (Umluft 150 °C) vorheizen.

Die **Zwiebel-Pilz-Masse** mit **Salz** und **Pfeffer** würzen und den **Reis** unterrühren. In eine gebutterte Kasserolle geben, die **Mandeln** darauf verteilen und im Backofen 30 Minuten backen.

Für 4 Portionen

450 g Wildreis

1 Zwiebel

200 g Champignons

2 El Butter

1 El Mehl

200 ml Hühnerbrühe

1/2 Tl Salz

Pfeffer

2 El gehobelte Mandeln

Zubereitungszeit 25 Minuten
(plus Gar- und Backzeit)
Pro Portion ca. 480 kcal/2016 kJ
11 g E ✳ 8 g F ✳ 91 g KH

119

Morcheln auf Tagliatelle

Frische **Morcheln** 5 Minuten in kaltes Wasser legen. Getrocknete **Morcheln** mit lauwarmem Wasser bedeckt 30 Minuten einweichen lassen. Die **Morcheln** einzeln gründlich unter fließendem Wasser waschen, denn in jeder Vertiefung kann Sand versteckt sein. Große **Morcheln** halbieren oder vierteln. Auf einem Küchentuch gut abtropfen lassen.

Die **Butter** in einer hochwandigen Pfanne erhitzen und die **Morcheln** 10 Minuten darin schmoren lassen. Nach und nach die **Sahne** und den **Marsala** hinzufügen und weiterschmoren, bis die Konsistenz der **Sahne** dicklich wird. Mit **Salz, Pfeffer** und **Zitronensaft** abschmecken. Die **Nudeln** nach Packungsanweisung in reichlich kochendem Salzwasser bissfest garen. Die **Pasta** zu den **Morcheln** in die Pfanne geben, gut vermischen und auf vorgewärmten Tellern anrichten.

Für 4 Portionen

250 g frische oder 25 g

getrocknete Morcheln

30 g Butter

250 g Sahne

1 El Marsala

Salz

Pfeffer aus der Mühle

Saft von 1/2 Zitrone

400 g frische Tagliatelle

Zubereitungszeit ca. 25 Minuten
(plus Einweichzeit)
Pro Portion ca. 600 kcal/2520 kJ
15 g E ✳ 28 g F ✳ 71 g KH

Für 4 Portionen

100 g Schalotten

300 g Kirschtomaten

10 El Olivenöl

350 g kleine Pfifferlinge

5 El weißer Aceto balsamico
(ersatzweise Weißweinessig)

Salz, weißer Pfeffer

25 g Pinienkerne

1/2 Bund glatte Petersilie

2 Stiele Bohnenkraut

1 Ei

1 Eigelb

50 ml Schlagsahne

40 g schmalblättrige Rauke

200 g Baguette

Zubereitungszeit ca. 45 Minuten
Pro Portion ca. 587 kcal/2459 kJ
12 g E ✳ 46 g F ✳ 31 g KH

Schalotten pellen und in dünne Ringe schneiden. **Tomaten** waschen und trocknen. **Schalotten** und die ganzen **Tomaten** in 4 El **Olivenöl** bei mittlerer Hitze etwa 4 Minuten andünsten.

Pfifferlinge putzen, kurz waschen und trockentupfen. In 3 El **Olivenöl** bei starker Hitze 1–2 Minuten kräftig anbraten. Zu den **Tomaten** geben, mit 2 El **Essig** mischen, salzen und pfeffern. **Pinienkerne** in 1 El **Olivenöl** goldbraun rösten. Etwas abkühlen lassen. **Petersilie** und **Bohnenkraut** waschen, trocknen und Blätter abzupfen, mit den **Pinienkernen** mischen und fein hacken. **Ei, Eigelb,** restlichen **Balsamessig** und **Sahne** verquirlen und über dem heißen Wasserbad cremig aufschlagen. Aus dem Wasserbad nehmen, mit **Salz** würzen, **Sabayon** im Eiswasser kaltschlagen. **Rauke** waschen, putzen, grob zerzupfen und trockenschleudern.

Baguette längs in 4 Scheiben schneiden, jeweils der Länge nach halbieren. Unter dem Grill goldbraun rösten, mit restlichem **Öl** bepinseln und die Kräuter-Mischung darauf verteilen. **Pfifferling-Tomaten-Salat** mit der **Rauke** auf Tellern anrichten und mit **Sabayon** beträufeln. Mit dem gerösteten **Baguette** servieren.

Warmer Salat
mit Pfifferlingen

Pfifferling-Auflauf

Für 4 Portionen

500 g Pfifferlinge

Salz

1 Aubergine

1 Stange Lauch

3 Fleischtomaten

1 Zwiebel

1 Knoblauchzehe

3 El Öl

200 ml Gemüsebrühe

2 Eier

150 g frisch geriebener Gouda

Zubereitungszeit ca. 20 Minuten
(plus Kochzeit, Zeit zum Ziehen und Bratzeit)
Pro Portion ca. 320 kcal/1344 kJ
19 g E * 25 g F * 6 g KH

Die **Pfifferlinge** putzen, sauber bürsten und in wenig Salzwasser etwa 5 Minuten kochen, herausnehmen und abtropfen lassen. Die **Auberginen** putzen, waschen, abtrocknen und in etwa 1 cm dicke Scheiben schneiden, leicht salzen und 15 Minuten ziehen lassen. Anschließend abwaschen, abtrocknen und in Würfel schneiden. Den **Lauch** putzen, waschen und in Ringe schneiden. Die **Tomaten** waschen, abtrocknen, den Stielansatz entfernen und die **Tomaten** klein würfeln.

Zwiebel und **Knoblauch** schälen, klein würfeln und im **Öl** anbraten. Nacheinander **Aubergine**, **Lauch**, **Tomaten** und **Pilze** dazugeben, 3 Minuten kräftig schmoren. Mit der **Brühe** aufkochen, alles vom Herd nehmen und etwas abkühlen lassen. Dann die verquirlten **Eier** darunterrühren. Alles in eine Auflaufform füllen und mit dem **Käse** bestreuen. Im vorgeheizten Backofen bei 180 °C (Umluft 160 °C) etwa 25 Minuten goldbraun backen. Auflauf mit **Baguette** servieren.

Aus dem Wasser

Flusskrebsschwänze

Das **Krebsfleisch** aus den Krebsschwänzen lösen und die Schalen mit dem Hammer zerkleinern oder durch den Fleischwolf drehen, das Krebsschwanzfleisch kalt stellen. Das **Butterschmalz** in einem Topf erhitzen und die Krebsschalen darin rösten. Das **Paprikapulver** darüberstreuen und den **Fischfond** mit dem **Wein** dazugießen. Den **Dill** waschen, Blättchen von den Stängeln zupfen und fein hacken. Den **Knoblauch** schälen. Die Dillstängel und den **Knoblauch** im Sud mitkochen, alles etwa 30 Minuten köcheln. Dann die Flüssigkeit durch ein mit einem Tuch ausgelegtes Sieb gießen. 750 ml Kochfond auffangen und in einem Topf auf ein Drittel einkochen lassen. Die reduzierte Sauce mit der **Sahne** verfeinern. Die **Butter** in Flöckchen in die Sauce rühren und anschließend die **saure Sahne** unterheben. Aufkochen lassen und mit **Salz** und etwas **Worcestersauce** abschmecken. **Krebsschwänze** in die **Sauce** geben und erhitzen.

Das **Krebsragout** mit der **Sauce** auf Tellern verteilen, mit Dill bestreuen und mit **Gurkensalat** servieren. Dazu frisches **Brot** oder Reis reichen.

Für 4 Portionen

1 kg gekochte Flusskrebs-schwänze

4 El Butterschmalz

2 Tl edelsüßes Paprikapulver

1 l Fischfond

200 ml trockener Weißwein

1/2 Bund Dill

2 Knoblauchzehen

100 ml Sahne

30 g Butter

100 g saure Sahne

Salz

Worcestersauce

Zubereitungszeit ca. 30 Minuten
(plus Röst- und Garzeit)
Pro Portion ca. 457 kcal/1919 kJ
49 g E ✻ 24 g F ✻ 6 g KH

Zander in Weinsauce

Die **Fischfilets** waschen, trockentupfen, Gräten entfernen und die Fleischseite mit **Salz und Pfeffer** würzen. Den **Limettensaft** darüberträufeln. Die Filets in **Mehl** wenden. Das **Butterschmalz** in einer Pfanne schmelzen und die Fischfilets darin zuerst auf der Hautseite, dann auf der Fleischseite etwa 3 Minuten braten. Aus der Pfanne nehmen und warm stellen.

Die **Schalotten** schälen und fein hacken. In das verbliebene Bratfett geben und unter Rühren andünsten. **Wein** und **Noilly Prat** angießen und um die Hälfte einkochen. Dann die **Sahne** unterrühren. Die Sauce mit **Salz**, **Pfeffer** und den **Kräutern** abschmecken. Die **Butter** zugeben und mit dem Mixstab cremig rühren. Das Zanderfilet mit der Sauce servieren.

Für 4 Portionen

4 Zanderfilets mit Haut

Salz, Pfeffer

2 El Limettensaft

50 g Mehl

4 El Butterschmalz

2 Schalotten

125 ml Weißwein

1 cl Noilly Prat

200 ml Sahne

1 El frisch gehackte gemischte

Kräuter (Liebstöckel, Petersilie,

Thymian, Estragon)

3 El Butter

Zubereitungszeit ca. 20 Minuten
(plus Brat- und Kochzeit)
Pro Portion ca. 530 kcal/2226 kJ
51 g E * 28 g F * 12 g KH

131

Die **Fischfilets** waschen, trockentupfen, in eine Schale legen und mit den **Kräutern** bestreuen. Die **Gewürzkörner** mit der **Orangenschale** im Mörser zerkleinern, mit **Salz und Zucker** mischen und ebenfalls auf die **Fischfilets** geben. Die Filets mit Folie abdecken und mindestens 8 Stunden im Kühlschrank durchziehen lassen, dabei öfter wenden. Den Backofen auf 180 °C (Umluft 160 °C) vorheizen. Die **Kartoffeln** waschen, schälen und in dünne Scheiben schneiden. Gut trockentupfen. Die **Kartoffelscheiben** auf ein Backblech legen, mit Salz, **Pfeffer** und Kräutern bestreuen und mit 5 El **Olivenöl** beträufeln. Im Ofen etwa 25 Minuten knusprig backen. Das restliche **Olivenöl** mit **Orangensaft**, **Salz** und **Pfeffer** verrühren. Die **Saiblingsfilets** aus der Marinade nehmen, gut abspülen und trockentupfen. Schräg in Scheiben schneiden und mit dem **Orangenöl** beträufeln. Abwechselnd mit den **Kartoffelchips** auf Tellern anrichten. Dazu verschiedene **Blattsalate** reichen.

Gebeizter Saibling mit Kartoffeln

Für 4 Portionen

4 Saiblingsfilets (ca. 400 g)

1/2 Bund frisch gehackter Kerbel

1/2 Bund frisch gehackter Dill

1 El Pfefferkörner

1 El Korianderkörner

1 El Senfkörner

1 Tl abgeriebene Schale von

1 unbehandelten Orange

75 g Salz

75 g Zucker

2 Kartoffeln

getrocknete Kräuter

7 El Olivenöl

2 El Orangensaft

Pfeffer

Zubereitungszeit: ca. 30 Minuten
(plus Zeit zum Marinieren und Backzeit)
Pro Portion ca. 257 kcal/1079 kJ
21 g E ∗ 11 g F ∗ 17 g KH

Die **Zwiebeln** schälen und hacken. Den **Lauch** putzen, waschen und in Ringe schneiden. Die **Forellenfilets** abtupfen und mit **Salz** würzen.

Die **Butter** in einem Topf schmelzen und die Zwiebeln mit dem **Lauch** darin andünsten. Mit **Wein** und **Fond** ablöschen und würzen. Aufkochen und die **Fischfilets** hineingeben. Bei geringer Temperatur etwa 10 Minuten ziehen lassen, dann den **Fisch** herausnehmen und warm stellen.

Den Kochsud auf die Hälfte einkochen lassen, die **Sahne** hinzufügen und wieder reduzieren. Die **Forellenfilets** mit der Sauce übergießen. Dazu eine **Reis-Wildreis-Mischung** servieren.

Forelle in Lauchsauce

Für 4 Portionen

2 Zwiebeln

2 Stangen Lauch

12 Forellenfilets

Salz

100 g Butter

250 ml Weißwein

250 ml Fischfond

je 1/4 Tl getrockneter Oregano und

Thymian

je 1/2 Tl Pfeffer, Knoblauchpulver,

Cayennepfeffer und Paprikapulver

250 g Sahne

Zubereitungszeit 20 Minuten
(plus Garzeit)
Pro Portion ca. 498 kcal/2089 kJ
14 g E ✳ 42 g F ✳ 8 g KH

Kabeljau mit Krebsfleisch

Die **Zwiebeln** und den **Knoblauch** schälen und hacken. Die **Paprikaschote** putzen, waschen, entkernen und würfeln. Den **Staudensellerie** putzen, waschen und in Ringe schneiden. Das **Öl** in einer Pfanne erhitzen und das Gemüse darin anschmoren. Das **Ei** verquirlen und mit dem **Paniermehl, Tabasco** und **Dill** verrühren und unter das Gemüse mischen. Mit **Salz** und **Pfeffer** würzen. Das **Krebsfleisch** klein schneiden und mit der **Gemüsemasse** vermengen. Den Backofen auf 180 °C (Umluft 160 °C) vorheizen. Die Füllung in den **Fisch** füllen und diesen in einen gefetteten Bräter legen. Bei einzelnen **Fischstücken** die Füllung unter der Haut verteilen und rund um den **Fisch** legen. Den Bräter mit Alufolie abdecken und im Ofen etwa 40 Minuten garen. Die Alufolie entfernen und den **Fisch** weitere 10 Minuten garen, bis die Gräten nicht mehr rosa sind.

Für 6 Portionen

2 Zwiebeln

2 Knoblauchzehen

1/2 grüne Paprikaschote

1 Stange Staudensellerie

3 El Sonnenblumenöl

1 Ei

50 g Paniermehl

1 Spritzer Tabasco

1 Tl getrockneter Dill

Salz, Pfeffer

250 g gekochtes Krebsfleisch

1 küchenfertiger Kabeljau

Fett für die Form

Zubereitungszeit 30 Minuten
(plus Schmor- und Backzeit)
Pro Portion ca. 198 kcal/832 kJ
28 g E * 5 g F * 14 g KH

Schellfisch mit Fenchel

Das **Fenchelkraut** abschneiden und so viel hacken, dass es 3 El ergibt. Die **Knollen** längs halbieren und das harte Mittelstück herausschneiden. Die **Fenchelknollen** in etwa 0,5 cm dicke Stifte schneiden. Die **Zwiebel** schälen und in Würfel schneiden. 3 El **Öl** und die **Butter** in einer Pfanne erhitzen und den **Fenchel** mit den **Zwiebeln** darin andünsten. Abgedeckt etwa 30 Minuten bei geringer Temperatur dünsten, bis der **Fenchel** sehr weich ist. Mit **Salz** und **Pfeffer** würzen. Die **Oliven** in Scheiben schneiden, den **Koriander** hacken. Beides (vom **Koriander** nur die Hälfte) mit dem **Fenchelkraut** in die Pfanne geben und kurz mitschmoren. Den Backofen auf 180 °C (Umluft 160 °C) vorheizen. Die **Fenchelmasse** in eine gefettete Auflaufform geben. Die **Fischfilets** von noch vorhandenen Gräten befreien und halbieren. Auf den **Fenchel** legen und mit dem restlichen **Öl** einstreichen. Im Ofen etwa 30 Minuten backen, bis der **Fisch** weich ist. Mit dem restlichen **Koriander** bestreut servieren.

Für 4 Portionen

3 Fenchelknollen mit Kraut

1 Zwiebel

4 El Olivenöl

2 El Butter

Salz

Pfeffer

60 g schwarze Oliven ohne Stein

1/2 Bund frisch

gehackter Koriander

4 Schellfischfilets (à 200 g)

Zubereitungszeit 30 Minuten
(plus Schmor- und Backzeit)
Pro Portion ca. 340 kcal/1428 kJ
40 g E * 17 g F * 7 g KH

Heilbutt mit Kokossauce

Das **Öl** in einem Topf erhitzen und die **Cur-rypaste** darin unter Rühren etwa 1 Minute erwärmen, bis sie sich aufgelöst hat. Die **Kokosmilch** hinzufügen und aufkochen. Die **Sauce** bei geringer Temperatur etwa 20 Minuten um die Hälfte einkochen lassen. Das **Öl** abschöpfen und die **Sauce** mit **Salz** abschmecken. Warm halten.

Den Backofen auf 200 °C (Umluft 180 °C) vorheizen. Das **Mehl** auf einen Teller geben, die **Eier** verquirlen, würzen und auf einen zweiten Teller geben. Die **Nüsse** auf einen dritten Teller verteilen.

Die **Fischfilets** entgräten, dann zuerst im **Mehl** wenden, abklopfen, durch die **Eier** ziehen und zuletzt in den **Nüssen** wälzen, bis sie vollständig damit bedeckt sind. Die **Butter** in einem Topf schmelzen.

Die **Fischfilets** auf ein gefettetes Back-blech legen, die **Butter** darüber geben und 12 bis 14 Minuten im Ofen backen. Die **Heilbuttfilets** mit der **Kokos-Curry-Sauce** servieren. Mit **Koriander** be-streuen. Nach Geschmack ein süßes **Chutney** dazureichen.

Für 4 Portionen

2 El Erdnussöl

3 El rote Currypaste (Fertigprodukt)

750 ml Kokosmilch

Salz

125 g Mehl

2 Eier

1 Msp. Cayennepfeffer

230 g fein gehackte Macadamianüsse

4 Heilbuttfilets (à 125 g)

60 g Butter

2 El frisch gehackter Koriander

Zubereitungszeit 30 Minuten
(plus Koch- und Backzeit)
Pro Portion ca. 845 kcal/3549 kJ
37 g E ✳ 64 g F ✳ 32 g KH

Lachsküchlein

1 l Wasser mit dem **Wein, Liebstöckel, Petersilie, Salz** und **Pfeffer** in einem Topf aufkochen und die Temperatur herunterschalten. Die **Lachsfilets** einlegen und 10 Minuten ziehen lassen, bis der Fisch gar ist. Den **Lachs** aus dem Sud nehmen und abkühlen lassen. Dann Haut und Gräten entfernen und das Fischfleisch zerteilen. 30 g **Paniermehl mit Thymian, Oregano, Senfpulver, Cayennepfeffer, Salz und Pfeffer** verrühren. Die **Zwiebel** schälen und hacken. Den **Sellerie** schälen und würfeln, die **Kapern** klein schneiden. Mit **Petersilie, Worcestersauce** und dem **Ei** zur Paniermehlmasse geben und alles mit dem **Fischfleisch** vermengen. Aus dieser Masse kleine Küchlein formen und im restlichen **Paniermehl** wenden. 30 Minuten kühl stellen. **Olivenöl** in einer Pfanne erhitzen und die Küchlein darin von jeder Seite etwa 3 Minuten goldbraun braten. Auf Küchenpapier abtropfen lassen. Mit **Remouladensauce** servieren.

Für 10 Stücke

250 ml Weißwein

4 Liebstöckelstängel

1/2 Bund glatte Petersilie

1 Tl grobes Salz

6 schwarze Pfefferkörner

450 g Lachsfilet

140 g Paniermehl

1 El frisch gehackter Thymian

1 Tl getrockneter Oregano

1/2 Tl Senfpulver

1 Prise Cayennepfeffer

Salz, Pfeffer

1 Zwiebel

100 g Sellerie

1 El Kapern (Glas)

1 El frisch gehackte Petersilie

1 Tl Worcestersauce

1 Ei

2 El Olivenöl

Zubereitungszeit 30 Minuten
(plus Gar- und Bratzeit)
Pro Stück ca. 156 kcal/655 kJ
11 g E ∗ 5 g F ∗ 12 g KH

143